SYNDICAT CENTRAL
DU COMMERCE EN GROS DES LIQUIDES
DU DÉPARTEMENT DE LA SEINE-INFÉRIEURE
ROUEN

La Chambre syndicale se charge des expertises et dégustations aux conditions du tarif qui a été remis à tous les intéressés.

S'adresser au Bureau du Syndicat, 29, rue Nationale, au 1er étage.

Rouen, le 8 Octobre 1891.

LA MAJORATION DES LICENCES

PROJET JAMAIS

(*Extrait du « Journal des Contributions indirectes »*)

L'élévation du prix des licences est, avec la surtaxe de l'alcool, le moyen proposé pour parer au déficit causé par la suppression des droits sur les boissons dites hygiéniques. Le projet de M. Jamais, devenu celui de la Commission du budget, élève le produit de cet impôt de 12,500,000 francs à 82,500,000 francs. On peut dire que la majoration des licences est le trait caractéristique de son système.

On comprend que l'élévation du prix des licences des débitants ait été préconisée comme un moyen d'enrayer les progrès de l'alcoolisme par la diminution du nombre des débits de boissons. Ce que l'on s'explique difficilement, c'est que l'on ait cherché, dans la majoration des licences *en général*, une compensation à la suppression des droits sur les boissons elles-mêmes, et que l'on ait présenté une semblable mesure comme un moyen d'arriver à une plus équitable répartition des charges.

De tous nos impôts indirects, en effet, l'impôt des licences est peut-être celui qui prête le plus à la critique : il a d'abord le défaut de faire double emploi avec l'impôt des patentes, et, de plus, il est improportionnel au premier chef, puisqu'il pèse du même poids sur des commerçants faisant, à la vérité, le même commerce, mais dont le chiffre d'affaires varie dans des proportions considérables.

Avec un taux modéré, ces défauts sont peu sensibles ; ils s'accentuent d'autant plus que la quotité du droit s'élève. Ce qui, dans le projet de M. Jamais, les rend encore plus choquants, c'est que les bases adoptées pour la classification des professions soumises à la licence sont celles qui servent déjà pour l'établissement de l'impôt des patentes. Or, cet impôt, — tout le monde en conviendra, — ne se répartit pas toujours d'une manière rigoureusement équitable entre tous les contribuables. En adoptant pour les licences une base différente, on aurait eu quelque chance de corriger une inégalité par une autre, tandis qu'en identifiant les deux impôts, on ne fera qu'aggraver d'une manière excessive les inégalités existantes.

On a bien cherché à remédier à ce défaut de proportionnalité en superposant au droit fixe un droit proportionnel, ou soi-disant tel. Mais le droit proportionnel ne fournit qu'un appoint ; c'est le droit fixe qui joue le principal rôle, puisqu'il est appelé à fournir près des trois quarts du produit présumé des licences. La valeur locative, prise pour base du droit proportionnel, n'est, du reste, qu'un indice, le plus souvent trompeur,

MÉMOIRE

Sur les propositions du Gouvernement relatives

à une nouvelle

LÉGISLATION FISCALE SUR LES BIÈRES

et à

la part qui leur est faite dans le dégrèvement des boissons hygiéniques

PAR

Louis BLONDEL

Secrétaire du Syndicat des Brasseurs du Nord,

approuvé par l'union des Syndicats de la Brasserie Française

MAI 1892

ARRAS
Imprimerie ROHARD-COURTIN, place du Pont-de-Cité, n° 6.

1892

d'aisance et de prospérité. N'a-t-on pas tous les jours sous les yeux l'exemple d'établissements situés dans la même localité, ayant une valeur locative égale, et dont l'un prospère, tandis que l'autre végète ou périclite ? Ce qui rend l'assiette de ce droit encore plus défectueuse, c'est qu'il est destiné à atteindre non pas seulement la valeur des locaux spécialement affectés au commerce des boissons, mais bien la valeur locative totale, y compris l'habitation personnelle, y compris les locaux dans lesquels le contribuable exerce toute autre profession.

Est-il admissible, d'ailleurs, que, sous prétexte de dégrever les vins et les cidres, on impose de nouvelles charges à des industriels, à des négociants qui ne bénéficient en rien de ce dégrèvement ? Prenons, par exemple, les distillateurs : loin d'être dégrevés, les produits de leur fabrication sont lourdement surtaxés, et, par surcroit, on porte pour eux le droit fixe de licence de 50 à 720 francs par an, non compris un droit de 10 0/0 sur leur valeur locative totale, sans distinction entre les locaux affectés à la distillerie et ceux de l'exploitation rurale par exemple, dont la distillerie n'est souvent qu'une annexe. C'est là une tarification véritablement prohibitive à l'égard des petites distilleries qui ne travaillent que d'une manière tout à fait intermittente, à l'égard surtout des distilleries agricoles, qui cependant méritent quelque intérêt, car elles rendent à la culture les plus grands services en utilisant ses produits, en lui fournissant de la nourriture pour les bestiaux et des engrais pour le sol.

De même que les distillateurs, les négociants en spiritueux seront doublement surtaxés : par l'augmentation du droit sur l'alcool et par l'aggravation de la licence.

Le commerce d'exportation, celui des vins aussi bien que celui des alcools, est entièrement sacrifié. Actuellement il obtient la remise complète des droits sur les boissons qu'il exporte ; d'après le système de M. Jamais, il devra supporter des droits très élevés de licence sans que les nécessités de la lutte à l'étranger lui permettent d'en récupérer le montant par une augmentation de ses prix de vente. Tandis que l'on cherche, par des encouragements, au besoin même par des primes, à favoriser, d'une manière générale, l'expansion des produits de notre industrie, il est peu rationnel de mettre ainsi des entraves à l'exportation de nos vins, qui ont été de tous temps un de nos meilleurs instruments d'échange.

Et pour les négociants vendant exclusivement à l'intérieur, a-t-on songé aux inégalités que va créer entre eux l'élévation du droit fixe de licence porté de 125 à 960 francs et accru du droit de 1/10 sur la valeur locative ? Supposons deux marchands en gros dont le premier vend annuellement 500 hectolitres de vin avec un loyer de 1,000 francs, et le second 10,000 hectolitres avec un loyer de 5,000 francs. Chez le premier, le droit de licence grèvera de 2 fr. 12 c. chaque hectolitre de vin vendu ; chez le second, l'impôt ne sera que de 0 fr. 146. La concurrence est-elle possible dans de semblables conditions ? N'est-il pas évident que le système conduit fatalement à la disparition des petits négociants, à la concentration du commerce des boissons dans un petit nombre de mains ? Quand on songe que, sur 26,000 marchands en gros faisant le commerce des vins, il y en a 15,000 dont les ventes n'atteignent pas 500 hectolitres par an, que l'augmentation de la licence des débitants leur fera perdre une partie de leur clientèle, qu'ils se trouveront tous dans une situation d'inégalité flagrante vis-à-vis des récoltants vendant directement à la consommation, on en vient à se demander quelle étrange aberration d'esprit pousse la majorité des négociants à se rallier au projet de l'honorable M. Jamais. Rendons du moins au Président du Syndicat général, M. Levillain, cette justice qu'il a sainement apprécié la situation, et qu'il s'est déclaré nettement hostile, dans l'intérêt de la corporation en général, à un dégrèvement des vins et des cidres qui reposerait sur une surtaxe de l'alcool et une majoration des licences.

Ce que nous venons de dire des marchands en gros, on peut tout aussi justement l'appliquer aux brasseurs. La transformation du droit de fabrication en un droit de licence sera pour eux d'autant plus désastreuse que les fabrications domestiques, affranchies désormais de tout impôt, prendront dans les campagnes une très grande extension.

Prise dans son ensemble, la corporation des débitants peut sembler à première vue moins intéressante. A certains égards, il est permis d'envisager la diminution du nombre des débits comme une conséquence heureuse de l'élévation du droit de licence. On peut alléguer aussi que, pour les débitants, cette aggravation de charges ne serait qu'une juste rançon de l'exercice. Mais encore faudrait-il que cette aggravation ne fût pas excessive. Or, dans le projet de M. Jamais, certaines catégories de débitants se trouvent surtaxées au-delà de toutes limites. Ce sont, par exemple, les grands hôtels qui ont des loyers énormes et qui devront payer le droit de dixième, non-seulement sur la valeur locative des salles de consommation, mais encore sur celles des chambres affectées au logement des voyageurs et au personnel de l'établissement ; ce sont surtout les petits commerçants des campagnes, débitants de tabacs, épiciers, etc., pour lesquels la vente des boissons n'est qu'un accessoire, mais un accessoire obligé, de leur commerce principal.

Enfin, il y a le consommateur, pour lequel on croit avoir tout fait quand on a proclamé bien haut qu'il ne paiera plus aucun droit sur les boissons qu'il consomme. Mais n'est-ce pas lui qui, en dernière analyse, supportera ces droits exorbitants que l'on impose aux intermédiaires ? Ce que l'on propose, ce n'est donc pas, à proprement parler, un dégrèvement, mais une transformation de l'impôt des boissons, et une transformation qui revêt un caractère anti-démocratique au premier chef ; car le vin que le consommateur riche achète directement chez le producteur aura seul été réellement et complètement dégrevé, tandis que le vin acheté au détail par l'ouvrier aura payé deux fois l'impôt, sous la forme de licence, chez le marchand en gros et chez le débitant.

Faut-il examiner maintenant quelles seront, pour le Trésor, les conséquences de la majoration des licences ? Elles apparaissent trop clairement pour qu'il soit nécessaire d'y insister. On a évalué le produit de cette majoration comme si le nombre des redevables devait rester ce qu'il est aujourd'hui. Or, il est bien certain que, par suite de la perturbation profonde apportée dans les conditions d'existence du commerce des boissons, le nombre des redevables se trouvera réduit dans d'énormes proportions. Pour les marchands en gros notamment, on peut sans crainte affirmer que la réduction sera de moitié au moins, peut-être des trois quarts. Que deviennent dès lors les évaluations de M. Jamais et de la Commission du budget ?

En résumé, la majoration des licences en général, considérée comme le rachat des droits sur les boissons dites hygiéniques, est une mesure désastreuse pour les finances de l'Etat et conduisant, pour les contribuables, aux injustices les plus criantes. De tous les intérêts en jeu, il n'y en a qu'un seul qui soit favorisé au détriment de tous les autres, c'est celui des récoltants, auxquels on confère, vis-à-vis du commerce, un privilège vraiment inadmissible. C'est là le résultat le plus clair de la réforme projetée, et, par le temps de protection qui court, on peut se demander si ce n'est pas là le but que les promoteurs de la mesure avaient en vue.

*Le Président du Syndicat central
du Commerce en gros de .... la Seine-Inférieure,*
H. TURPIN.

Rouen. — Imp. J. LECERF.

MÉMOIRE

Sur les propositions du Gouvernement relatives

a une nouvelle

LÉGISLATION FISCALE SUR LES BIÈRES

et à

la part qui leur est faite dans le dégrèvement des boissons hygiéniques

PAR

Louis BLONDEL

Secrétaire du Syndicat des Brasseurs du Nord,

approuvé par l'union des Syndicats de la Brasserie Française

MAI 1892

ARRAS
Imprimerie ROHARD-COURTIN, place du Pont-de-Cité, n° 6.
1892

SOMMAIRE

	Pages.
Introduction	1
Des opérations que comprend la fabrication de la bière.	3
Économie de la loi de 1816	5
Des divers autres systèmes d'imposition	6
Le nouveau projet présenté par le Gouvernement	8
Projet présenté par la Brasserie	10
Du taux de l'impôt. — Du dégrèvement	11
Texte des articles du projet du Gouvernement	13
Texte des articles de la loi Belge avec annotations	14
Texte des articles du Projet présenté par l'Union générale des Syndicats de la Brasserie française	22

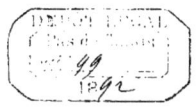

INTRODUCTION.

Le Gouvernement, dans le projet de loi qu'il propose aux Chambres pour la réforme de l'impôt sur les boissons hygiéniques, se préoccupe des bières à deux titres différents :

Il les fait participer au dégrèvement général en abaissant de vingt-deux millions à seize millions le chiffre pour lequel la bière doit participer au produit total de l'impôt sur les boissons hygiéniques ; puis il demande aux dispositions d'une loi nouvelle la base d'imposition, la tarification, puis la réglementation qui doivent assurer la perception de cet impôt.

Au dégrèvement proposé, la brasserie oppose deux critiques :

Tout d'abord elle le trouve insuffisant si on le considère dans son ensemble, puisque la réduction qu'il apporte au montant de l'impôt précédemment payé pour s bières n'est que de 25 %, tandis qu'il est de 43 % pour les vins et de 60 % pour les cidres.

Mais surtout elle fait remarquer que si on recherche quelle serait, dans l'application, l'importance relative de cette réduction pour chacune des diverses qualités de bières livrées à la consommation, on trouve que, par un singulier effet du mode de tarification de la nouvelle loi, les bières légères, qui sont la boisson exclusive des ouvriers de la région du Nord, des ouvriers agricoles surtout, non seulement n'y participeraient pas, mais encore paieraient un impôt supérieur à celui qu'elles supportent aujourd'hui !

Quant à la loi nouvelle en elle-même, elle ne répond nullement au but que, suivant son exposé des motifs, le Gouvernement se serait proposé. La brasserie ne pense pas que cette loi puisse assurer la perception intégrale de l'impôt sur toutes les bières fabriquées et elle constate que loin « *de dégager l'industrie des entraves apportées par la législation actuelle aux différents procédés de fabrication employés,* » elle diminue encore la liberté de fabrication déjà si limitée par la loi de 1816 et apporte un obstacle insurmontable à l'application des perfectionnements que la brasserie aurait intérêt à emprunter à la fabrication de nos voisins.

Nous nous proposons d'examiner successivement ces deux questions du dégrèvement et du changement du régime fiscal des bières proposé par le Gouvernement.

La répercussion des effets de ce changement sur le dégrèvement nous oblige à aborder tout d'abord la question de la nouvelle loi, dont l'importance pour la brasserie prime peut-être encore celle du dégrèvement.

Depuis l'époque, bien reculée déjà, où a été édictée la loi de 1816, de grands progrès ont été faits dans la science des législations fiscales ; chacune des lois qui, depuis cette époque, ont été successivement adoptées par les diverses nations de l'Europe, a marqué une étape vers l'idéal proposé au législateur : Assurer à la fois le plus de garanties au Trésor et le plus de libertés à l'industriel. La nouvelle loi appelée à régir la brasserie française, pendant de longues années sans doute, ne doit pas rester en dehors de ce progrès ; les intérêts du Trésor, comme ceux de la brasserie, ne peuvent pas être sacrifiés à la tendance, peut-être inconsciente, qui a certainement poussé les auteurs du nouveau projet de loi à n'apporter que le moins de changement possible dans les moyens de contrôle et les habitudes du personnel de l'Administration.

La brasserie n'a pas voulu encourir le reproche de s'être bornée à critiquer le projet du Gouvernement et d'être restée dans le vague lorsqu'il s'agissait d'exposer ce qu'elle désire. Elle a cru devoir donner à ses demandes une formule aussi précise que possible, en indiquant quelle est celle des législations, actuellement en vigueur, dont les principes lui paraissent les plus capables de sauvegarder les intérêts de tous, et quels perfectionnements pourraient, suivant elle, y être utilement apportés.

Mais avant d'aborder la critique du projet du Gouvernement et l'exposé du projet que propose la brasserie, il paraît indispensable de rappeler sommairement :

L'ensemble des opérations qui constituent la fabrication de la bière ;

L'économie de la loi de 1816, dont on propose l'abrogation ;

Et les divers systèmes qui servent aujourd'hui de base aux diverses législations fiscales des nations voisines.

Des opérations que comprend la fabrication de la bière.

Essentiellement, les opérations de la fabrication de la bière se réduisent à trois :

1° LE TRAVAIL EN CUVE-MATIÈRE. — Le malt grossièrement moulu, concassé, est mis d'abord dans une cuve, dite cuve-matière, hydraté, délayé avec une certaine quantité d'eau tiède. Ce mélange est ensuite porté à une température convenable, d'environ 70°, qui amène la saccharification ou dissolution des matières utiles contenues dans le malt. On soutire ensuite de la cuve-matière dans une chaudière le liquide sucré, enrichi des substances solubles extraites du malt. Ce liquide prend alors le nom de *moût*, le résidu du malt resté en cuve prend celui de *drêche*.

Comme cette drêche contient encore des substances utiles, on procède à son épuisement en la faisant traverser par une certaine quantité d'eau bouillante, dite trempe de lavage qui, de la cuve-matière est soutirée soit dans la chaudière qui a reçu les premiers moûts, soit dans une chaudière spéciale. La drêche épuisée est enlevée pour la nourriture des bestiaux.

2° CUISSON ET HOUBLONNAGE. — Les moûts sont, en chaudière, portés à l'ébullition et soumis à une cuisson plus ou moins prolongée. Ils y sont en même temps aromatisés par l'addition du houblon.

On appelle BRASSAGE l'ensemble des opérations du travail en cuve-matière et de la cuisson.

3° REFROIDISSEMENT ET FERMENTATION. — Des chaudières, le moût passe dans des appareils de refroidissement, plat-bac et réfrigérant, ou dans un seul de ces appareils.

Il est alors soumis à la fermentation qui termine les opérations de la fabrication, et à la suite de laquelle il devient de la bière.

La fermentation est l'opération la plus délicate et la plus importante de la fabrication de la bière.

Elle consiste dans l'envahissement du moût par une multitude de cellules de ferment qui s'y reproduisent, s'y développent à l'infini, jusqu'à ce qu'ils y aient épuisé les éléments nécessaires à leur existence. Leur activité s'arrête alors et les cellules de ferment se déposent sous forme de levure. Mais leur évolution a opéré dans le moût une complète transformation : son sucre s'est en grande partie transformé en alcool, sa saveur a complètement changé, et, si la fermentation a été bonne, il est devenu une bière claire, convenable, saine, rafraichissante, et d'un goût agréable.

Toutes ces qualités sont compromises par le fait d'une mauvaise fermentation, quelque parfaite qu'ait pu être antérieurement la fabrication du moût.

M. Pasteur a le premier établi scientifiquement, ce qui avait déjà du reste été antérieurement pressenti, que la qualité de la bière dépend de la fermentation et que celle-ci dépend à son tour de la nature du ferment qui se développe dans le moût, de ses conditions de culture et surtout de l'absence de ferments étrangers, dits de maladie, dont l'évolution dans le moût amène les plus grands désordres.

En conséquence, on provoque la fermentation du moût en y introduisant de la levure purifiée, sélectée à grand soin. On en conduit la culture dans des conditions hygiéniques appropriées : aération, température régulière et froide, etc. On se défend contre la présence et l'action des bactéries ou ferments malfaisants par de grandes précautions de propreté et l'on tâche de préserver les moûts de leur invasion qui peut provenir par l'air, par le contact d'instruments non stérilisés, ou du fait des ouvriers. etc., etc.

Du *moment où le moût cesse d'être brûlant* c'est-à-dire d'avoir une température capable de tuer tout être vivant qui y serait amené, il est exposé à la contagion des mauvais ferments, malheureusement répandus partout, dont les ravages ne cesseront pas de s'accroître jusqu'au jour où la bière sera consommée. Les plus grands frais d'installation, établissement de caves glacières, production artificielle du froid, construction de cuves de fermentation spéciales, etc., ont été faits pour assurer la pureté de la fermentation.

Les plus grands travaux des chimistes ont été entrepris dans le même but et ont amené une véritable révolution dans l'art du brasseur. Les anciens procédés de mise en levain font place à de nouveaux et chaque jour de nouvelles innovations se produisent dans ce but. Beaucoup d'entre eux, appliqués à l'étranger dans les grandes brasseries de fermentation basse, ne le sont pas encore en France, ni dans les brasseries où l'on ne fabrique que de la bière courante, mais leur nécessité s'imposera partout dans un jour prochain.

AUSSI LA BRASSERIE TOUT ENTIÈRE CONSIDÈRE QUE POUR LES OPÉRATIONS DE LA FERMENTATION IL LUI EST INDISPENSABLE DE CONSERVER LA LIBERTÉ D'ACTION LA PLUS ABSOLUE.

Dans l'ignorance des méthodes que la science fera adopter à la brasserie, il est du reste impossible d'arrêter une règlementation quelconque pour des opérations qu'on ne connaît pas et qui arriveront probablement, dans un avenir prochain, à s'effectuer en vases clos à l'abri à la fois de toute contamination et de tout contrôle.

Aujourd'hui déjà, en Allemagne, pour soustraire immédiatement le moût à toute contamination et le livrer aussitôt après son refroidissement à une fermentation énergique, on mélange ce moût à un moût du brassin précédent en pleine fermentation. La loi de 1816 ne permet pas d'agir de même en France et il y a incompatibilité absolue entre cette pratique, qu'il y aurait intérêt à voir se répandre, et l'application d'une disposition de loi qui autoriserait la Régie à suivre un brassin après son refroidissement et à prolonger son exercice au delà du brassage proprement dit.

Economie de la loi de 1816.

La loi de 1816 a pour base le volume de la bière. L'impôt est perçu d'après la contenance des chaudières employées au brassin.

La loi reconnaît deux sortes de bière taxées à un taux différent : la bière forte et la petite bière. Sont réputées : bière forte, celle fabriquée avec le moût extrait le premier de la cuve-matière et provenant de la saccharification ; bière petite, au contraire, celle qui provient exclusivement des moûts issus des trempes de lavage. Ces bières, forte et petite, doivent être contenues dans des chaudières, bacs et cuves différents, et sauf certaines tolérances locales, ne doivent pas être mélangées tant que dure l'exercice de la régie.

Toutes les prescriptions de la loi, et elles sont nombreuses, tendent à empêcher le brasseur soit de fabriquer la moindre quantité de bière excédant celle qui est imposée, soit d'opérer le moindre mélange entre les deux sortes de bière, depuis le moment où les moûts sortent de la cuve-matière jusqu'à celui où ils sont entonnés ou logés dans les vaisseaux où ils doivent fermenter. A ce moment s'arrête le contrôle de la Régie.

Cette loi a, au point de vue de la brasserie, le défaut d'apporter beaucoup d'entraves à la fabrication et surtout de prolonger déjà trop l'exercice de la Régie puisqu'il s'exerce pendant les opérations du refroidissement, de la mise en levain et en fermentation des moûts ; au point de vue du fisc, elle a celui de manquer complètement son but : ce volume si soigneusement surveillé et maintenu dans d'étroites limites pendant la fabrication, peut, dès que le brasseur a la libre disposition de ses moûts, être indéfiniment multiplié par des coupages avec de l'eau. Il suffit au brasseur, en vue de ces coupages, de mettre beaucoup de malt dans sa cuve-matière et de fabriquer ainsi un moût de force double de celle de la bière qu'il veut livrer ; il en obtient, par le dédoublement, une bière qui a la force désirée et un volume double de celui qui a servi de base à la perception de l'impôt.

Par ce dédoublement, le taux de l'impôt sur la bière est diminué de moitié ;

La pratique s'en est tellement généralisée, qu'aujourd'hui elle a amené en fait un abaissement du taux de l'impôt ; le brasseur a même cessé d'en bénéficier et la concurrence en a fait profiter le consommateur.

Il résulte de cet état de choses une situation fausse pour la brasserie, qui lui fait désirer aujourd'hui, autant que la Régie, une loi nouvelle.

Des divers autres systèmes de législation.

L'IMPÔT SUR LE MALT a constitué un immense progrès sur le mode d'imposition au volume consacré par la loi française de 1816, la plus ancienne, mais aussi la plus défectueuse des lois fiscales en la matière.

Il a été appliqué au malt, soit pendant sa fabrication, comme en Angleterre où les malteries étaient exercées, soit au moment de son emploi en brasserie, comme en Bavière, où le contrôle s'exerce lors du concassage du malt et par le moyen de peseurs-mesureurs automatiques.

Cet impôt a l'immense avantage de donner au brasseur une complète liberté dans sa fabrication. Il a aussi celui d'être proportionnel, sinon à la valeur du produit, du moins à sa richesse saccharine, qui est un des principaux éléments de sa valeur, le seul, du reste, qui puisse être constaté d'une façon assez précise pour servir de base à une taxation.

Il a un inconvénient sérieux, qui lui est commun avec tous les impôts qui sont prélevés sur la quantité de matière employée par l'industrie : Il rend presque nécessaire l'emploi de matières premières d'un grand rendement. En effet, pour peu que l'impôt soit élevé, l'emploi de matières premières de faible rendement, orges, malts dans l'espèce, que leur bas prix rendrait avantageuses, devient au contraire fort onéreux ; Il faut en effet, pour arriver au même résultat qu'avec des matières premières riches, en employer une quantité plus grande et payer par conséquent plus d'impôt.

Il a encore d'autres inconvénients : le mode d'imposition anglais nécessitait la séparation de la brasserie et de la malterie, le mode bavarois entraîne l'interdiction d'aucune autre matière première que le malt dans la fabrication de la bière, et cette interdiction ne serait pas observée, au moins dans le Nord de la France. La Régie ne pourrait interdire, dans les brasseries agricoles, la présence de farine de grains non maltés, puisque ces farines sont employées dans les fermes pour la nourriture des bestiaux, et ces farines y seraient, sans avoir payé aucun droit, employées concurremment avec le malt dans la préparation du moût de bière.

L'IMPOT A LA DENSITÉ DU MOUT, c'est, à proprement parler, l'impôt sur le sucre extrait du malt, l'impôt appliqué à la quantité de matière utile qui a été obtenue du traitement du malt en cuve-matière, ou encore au poids de ce mélange de sucre et de dextrine EXTRAIT du malt qui apparaîtrait sous forme d'une masse solide, si on évaporait le moût. Dans ce mode d'imposition, la Régie se borne à constater dans le moût pendant le brassage la quantité d'extrait imposable qu'il contient et laisse ensuite au brasseur toute liberté de faire de cet extrait l'usage qu'il lui plaît, de le dissoudre dans autant ou aussi peu d'eau, d'en faire une aussi grande ou une aussi petite quantité de bière qu'il le juge convenable.

La Régie constate la quantité d'extrait contenu dans un moût par la densité de ce moût. On sait, en effet, qu'un hectolitre de moût, qui contient 2^k5 d'extrait, pèse 101^k, qu'il a donc une densité de 101 ou plus simplement 1° de densité, que, de plus, la densité s'augmente de 1° par chaque nouvelle quantité de 2^k5 d'extrait qui est contenue dans le même volume. Il s'ensuit qu'un hectolitre de moût, par exemple, qui pèse 4° de densité ou 104^k, contient 10^k d'extrait.

Mais, pour éviter ce petit calcul, c'est la densité elle-même qu'il est préférable de prendre pour base de l'impôt. La taxe est alors appliquée à chaque hectolitre de moût pesant 1° de densité, obtenu par brassin, ou à son équivalent. Si 1 hectolitre de moût, à 1° de densité, donne lieu à la perception de 0^{f}40 d'impôt ; 1 hecto de moût, à 2° de densité, donne lieu à la perception de 0^{f}80 d'impôt. Etant donné le taux d'imposition d'une unité de volume à 1° de densité, on a la somme totale de l'impôt à percevoir en multipliant par ce taux le produit du volume par la densité.

L'impôt à la densité a donc tous les avantages de l'impôt sur le malt sans en avoir les inconvénients : Il est proportionnel à la force de la bière produite, il permet à la Régie des constatations et un contrôle sérieux, il laisse la fabrication libre et surtout il arrête l'exercice avant la période délicate de la fermentation où toute intervention de la Régie peut être dangereuse et est un obstacle au progrès.

Le dernier en date, il est incontestablement aujourd'hui le mode le plus perfectionné de perception d'un impôt sur les bières.

Le nouveau projet présenté par le Gouvernement [1].

Le Gouvernement a reconnu lui-même et l'infériorité de la loi de 1816 et la supériorité de l'établissement de la base de l'impôt sur la densité des moûts, puisque, dans son projet de réforme de l'impôt des boissons, il déclare qu'il propose une loi nouvelle et qu'il y pose en principe (art. 44) que l'impôt est établi sur la densité des moûts. Mais si l'on prend la peine d'examiner à fond le projet du Gouvernement (reproduit page 15) on s'aperçoit que la nouvelle loi n'est qu'une réédition de la loi de 1816 puisque, dans cette loi, c'est encore l'unité de volume qui sert de base à la perception de l'impôt.

L'expérience ayant démontré combien cette base était mouvante, puisque le volume peut être facilement étendu par des allongements avec de l'eau, il eut semblé rationnel d'en chercher une autre ; mais les administrations sont essentiellement conservatrices et lors même qu'un changement s'impose, elles cherchent toujours à garder le plus possible de l'ancien état de choses ; si surannée, si mauvaise que fût dans son principe la loi de 1816, c'est elle que fait revivre, en fait, le projet du Gouvernement qui a seulement cherché à la replâtrer en y apportant une *modification* et une *addition*.

La *modification* consiste dans le changement du principe sur lequel était établie, dans la loi de 1816, la distinction entre les bières de qualité ou au moins de forces différentes. Au lieu de faire reposer cette distinction sur les diverses conditions d'extraction du moût de la cuve-matière, le nouveau projet se fonde sur la densité.

Il établit des catégories suivant la densité du moût. La catégorie inférieure, taxée à 1 fr. 50 l'hectolitre, comprendrait les bières dont le moût aurait une densité inférieure à 4°, puis il y aurait une catégorie de bières inférieures à 5°, puis une autre pour les bières inférieures à 6°, etc. avec surtaxe de 0 fr. 50 par degré de densité. Le brasseur déclarerait qu'il fera tant d'hectolitres (la contenance d'une chaudière) à 3°,9 tant à 4°,9 et la régie veillerait avec un soin aussi jaloux qu'aujourd'hui à ce que ce volume et cette densité ne puissent plus varier.

Cette modification constituerait un progrès si elle n'avait pour résultat, et cela est au moins étrange dans une loi de dégrèvement, d'augmenter le taux de l'impôt sur les bières de catégorie inférieure : la loi de 1816 taxait à 1 fr. (1 fr. 20 décimes compris) l'hectolitre de petite bière, cette taxe était, même en fait, par suite des allongements, bien plus réduite encore, et les brasseurs du Nord pouvaient ainsi vendre des petites bières à 5 et 6 francs l'hectolitre. Or la loi nouvelle taxe à un minimum de 1 fr. 50 tout hectolitre de bière, si légère soit elle ; elle devrait donc amener le relèvement des prix actuels pour les bières consommées par les ménages pauvres et par les ouvriers, surtout par les ouvriers agricoles.

L'*addition* apportée par le Gouvernement à la loi de 1816, c'est le droit pour la Régie de suivre le brassin quarante-huit heures après son entonnement. L'Administration compte trouver, dans l'exercice de ce droit, une garantie sérieuse contre la fraude. Or cette garantie qui supprime absolument la liberté du brasseur là où elle devrait lui être laissée toute entière, dans la conduite de ses fermentations, est absolument illusoire :

Cela n'empêcherait nullement, en effet, les dédoublements ; on n'allongerait plus

---

[1] Voir plus loin, page 15, le texte et l'exposé des motifs de ce projet.

la bière pendant les premières quarante-huit heures de la fermentation ; mais l'opération n'en serait que retardée... on allongerait après fermentation. La chose est aussi facile dans un cas que dans l'autre et n'en compromet pas davantage la qualité de la bière.Si à la vérité une bière fermentée, prête à boire, paraît insipide quand on la mélange avec de l'eau ordinaire, cela tient à une seule cause, c'est qu'elle manque d'acide carbonique; on peut y obvier par l'addition de quelques litres de bière en fermentation qui rendent bientôt à la bière coupée à l'eau pure tout son montant. Le Gouvernement commet aujourd'hui, au sujet de l'allongement de la bière fermentée, la même erreur que le législateur de 1816 avait commise à l'égard du moût cuit refroidi et mis en levain, il ne la croit pas possible ; l'expérience ne serait pas longtemps à lui démontrer le contraire.

Ce droit pour la régie de suivre un brassin pendant quarante-huit heures ne serait pas davantage un obstacle sérieux pour empêcher les décharges partielles ou les fabrications clandestines de bière sans déclaration. Ce droit n'est pas en effet celui d'exiger la justification de toute bière, ni même de toute bière en cours de fermentation, qui se trouverait dans la cave du brasseur. Or la fermentation peut durer huit, dix jours et plus; le brasseur pourrait donc toujours avoir dans ses caves des bières en pleine fermentation auxquelles la régie n'aurait plus rien à voir, sous le couvert desquelles, avec ou sans mélange, il lui serait bien facile de dissimuler ses excédents.

Pour assurer d'une manière efficace la perception intégrale de l'impôt basée sur le volume de la bière, il faudrait encore augmenter de beaucoup les garanties déjà excessives que réclame la régie. Il faudrait lui permettre de suivre les bières après leur fabrication, non pendant 48 heures, mais jusqu'au moment même de leur consommation, forcer le brasseur à tenir un livre de magasin, à y indiquer tous les mouvements de ses bières dans ses caves de fermentation et de conserve, à y consigner toutes les sorties de bière et leur destination, etc., telles sont les conséquences logiques auxquelles on est entraîné par le principe vicieux de l'imposition de la bière au volume. Il n'y a nulle exagération dans cette affirmation ; l'Administration ne peut le nier ; cela a été reconnu depuis longtemps par l'un de ses représentants les plus éclairés, dans le remarquable rapport où l'honorable inspecteur des Finances, M. Jacquème, a exposé les conclusions de l'enquête qu'il avait été chargé de faire sur les effets du régime fiscal des bières résultant de l'application de la loi de 1816.

De ce seul exposé on peut tirer la condamnation formelle du principe de la loi de 1816 que le Gouvernement s'obstine à vouloir conserver.

La perception de l'impôt est une nécessité d'ordre public, les réglementations fiscales, l'exercice des employés trouvent leur justification dans cette nécessité, cela est hors de conteste ; mais la liberté de la fabrication, la possibilité d'appliquer les progrès qu'elle reçoit des découvertes de la science et dont profitent nos voisins, les facilités d'utiliser économiquement les matières premières employées, la dignité même du brasseur compromise par une inquisition de tous les instants ne méritent-elles pas d'être prises en considération par le législateur au même titre que la sécurité de la perception de l'impôt? Cela est d'autant moins douteux qu'il est aujourd'hui des plus facile de donner à la fois au Trésor toutes les garanties dont il a besoin pour la perception ou le recouvrement de ses taxes, et à la brasserie toutes les libertés que réclame une fabrication économique et progressive.

Le Projet de Loi proposé par la Brasserie (1).

La loi Belge, la dernière des lois fiscales actuellement en vigueur qui ait été promulguée en Europe, et qui est appliquée en Belgique depuis le 1er janvier 1886, est celle dont la Brasserie s'est principalement inspirée pour établir le projet qu'elle présente.

Cette loi prend pour base de la perception de l'impôt la densité du moût. Les conditions dans lesquelles elle a été adoptée par le gouvernement Belge suffiraient à elles seules pour la recommander également à la préférence du Gouvernement et de la Brasserie : Elle est le résultat d'une longue étude poursuivie parallèlement par le Gouvernement et par la Brasserie belges, et dans laquelle tous les autres systèmes de législation ont été passés en revue et, à la suite d'une enquête sérieuse, successivement éliminés ; elle a donné lieu à des discussions prolongées, approfondies et contradictoires entre la Commission législative et les Représentants autorisés de la Brasserie belge ; elle est l'œuvre commune du Parlement et de la Brasserie.

« L'EXPÉRIENCE QUI EN A ÉTÉ FAITE DEPUIS SIX ANNÉES n'a trompé aucune des espérances qu'elle avait fait naître ; l'Administration des accises et la Brasserie belges en sont également satisfaites. Elle a donné à l'industrie toute la liberté désirable et elle a supprimé la fraude. Enfin, sa mise en pratique n'a pas donné lieu à des difficultés extraordinaires.

La Brasserie française pense que, dans les circonstances actuelles, le Gouvernement ne saurait mieux faire, dans l'intérêt de tous, que d'en adopter le principe. Il le peut sans aucun risque pour le Trésor, il le doit, pour débarrasser la Brasserie des entraves que, il le reconnaît lui-même, la loi de 1816 apporte au progrès et à la mise en pratique de divers procédés nouveaux dans la fabrication de la bière.

La Brasserie française demande instamment aux Pouvoirs publics de ne pas retarder plus longtemps un changement de législation désirable pour tous.

Cette loi est encore perfectible et ce sont des perfectionnements que la Brasserie française a voulu y apporter en y proposant quelques changements. Ils ressortent nettement de la comparaison du texte de la loi Belge et, de celui, du projet proposé qu'on trouvera ci-après, pages 14, et 22. Les motifs des modifications proposées à la loi Belge sont exposés dans des notes explicatives au bas de chaque page.

---

(1) Voir page 14 le texte de la loi Belge actuellement en vigueur et page 22 le texte du projet de loi proposé par la Brasserie.

Du taux de l'impôt. — Du projet de dégrèvement.

Pour justifier le taux de l'impôt établi par l'art. 44 de la nouvelle loi, l'exposé des motifs, posant en fait qu'une bière de consommation courante pèse de 4 à 5° de densité, montre que par conséquent l'impôt ressortira pour cette bière à 2 fr. l'hectolitre ; puis, comparant cette taxe à celle qui existe actuellement sur la bière et qui est à l'hectolitre de 2 fr. 50 (moyenne des droits sur la forte et sur la petite bière) peut être de 2 fr. 70, il en conclut que la mesure proposée constitue un dégrèvement notable.

Cette comparaison serait assez exacte s'il n'y avait entre les deux termes de la comparaison une différence radicale qui en fausse complètement le résultat ; c'est que, en effet, la taxe imposée par la loi de 1816 n'était payée qu'en partie, tandis que le recouvrement de celle fixée par la loi nouvelle s'effectuera intégralement, garanti qu'il sera par la réglementation de cette loi quelle qu'elle soit. L'hectolitre de moût qui, actuellement, sous la loi de 1816, paie une taxe moyenne de 2 fr. 50, pèse non pas 4°, mais 8° de densité pour le moins, et cette densité est souvent encore bien accrue par l'addition de substances sucrées ; or, sitôt qu'il a cessé d'être soumis au contrôle de la Régie, il est multiplié et de sa substance on fait sortir deux hectolitres de bière et plus.

Pour faire une comparaison exacte, il faut la faire porter sur la taxe nouvelle d'une part et d'autre part sur la taxe qui était effectivement perçue, mais non sur la taxe purement théorique à laquelle les défauts de la loi elle-même permettent depuis longtemps d'échapper légalement.

En 1875, M. Jacquême, dans le remarquable rapport qui a déjà été cité, évaluait à plus de 30 % le volume de la bière qui échappait à l'impôt ; depuis cette date, la généralisation de la pratique des dédoublements s'est tellement accrue que, si l'on accepte le chiffre de 30 % en 1875, on ne peut guère l'évaluer aujourd'hui à moins de 50 %. L'impôt payé aujourd'hui par chaque hectolitre de bière en France ne dépasse guère 1 fr. 35. Il n'est certainement pas supérieur à 1 fr. 50 ou 1 fr. 60 par hectolitre de bière d'une densité originelle de 4 à 5°.

Le dégrèvement qui s'est ainsi produit en fait sur l'impôt payé par les bières en France depuis l'établissement de la loi de 1816, quoiqu'il soit le résultat de pratiques que la loi ne permettait pas à l'Administration d'empêcher, n'a pas certainement, il faut le reconnaître, été obtenu d'une façon régulière, comme, par exemple, s'il avait été concédé par voie législative ; mais il n'en existe pas moins. Il est de plus incontestable que c'est aujourd'hui le consommateur qui en profite ; ce serait donc encore sur le consommateur que retomberait nécessairement l'accroissement réel de charges qui résulterait d'une tarification faisant effectivement payer par chaque hectolitre de bière la somme fixée par la loi de 1816 (1).

---

(1) Il serait oiseux d'insister ici sur ce résultat indiscutable des effets de la concurrence : que c'est le consommateur qui bénéficie des avantages d'un procédé qui diminue le prix de revient de l'industriel aussitôt que l'emploi de ce procédé se généralise, comme c'est aussi lui qui, en fin de compte, supporte les accroissements du même prix de revient.

C'est donc à 1 fr. 50 au plus et non à 2 fr. 70 qu'il faut évaluer le taux moyen de l'impôt payé actuellement par la bière d'une densité originelle de 4°.

L'application du taux proposé par le nouveau projet, loin de procurer un dégrèvement, aggraverait plutôt la situation actuelle. Il ferait produire à la bière plus de 22 millions d'impôt par an. Il aurait de plus, on l'a vu plus haut, par suite de la disposition de l'art. 44 qui édicte qu'en aucun cas la taxe ne pourrait être inférieure à 1 fr. 50 l'hectolitre, cet effet désastreux d'augmenter surtout les charges des bières légères qui entrent dans l'alimentation des ménages pauvres.

La loi que réclame la brasserie éviterait cette injustice et assurerait la proportionalité de l'impôt. L'impôt serait payé exactement suivant la densité du moût, sans fixation de minimum, comme aussi sans tolérance. Il éviterait les anomalies comme celles qui dans le projet du Gouvernement ont pour effet de ne soumettre une bière de densité de 3°9 qu'au même impôt qu'une bière de 3°, comme aussi d'imposer à une bière de 4° une surtaxe de 50 centimes à l'hectolitre dont est imposée la bière de 3°9.

La bière de 4 à 5°, soit en moyenne 4°5, payant aujourd'hui 1 fr. 50 à 1 fr. 60 au plus à l'hectolitre, il est évident que, pour ne pas augmenter les charges qui pèsent actuellement sur la bière, le taux de l'impôt au degré de densité ne peut pas être supérieur :

Dans le projet du Gouvernement à . . . . 0 fr. 40.
Dans le projet présenté par la brasserie à. . 0 fr. 30 ou 0 fr. 35 au plus.

Du projet de dégrèvement. — La brasserie n'est intéressée que d'une façon indirecte à la question du dégrèvement, puisque c'est, en fin de compte, le consommateur qui profite de la diminution des charges fiscales.

Elle a pourtant le devoir de défendre ses intérêts.

C'est ainsi qu'au début de ce Mémoire elle a protesté contre la faible part que réservait à la bière le dégrèvement des boissons hygiéniques, puisqu'on fixe seulement pour elle le taux de ce dégrèvement à 25 %, tandis qu'il est pour les vins de 43 % et pour les cidres de 60 %, tandis que la bière n'a pas à profiter de l'avantage de la suppression des droits d'entrée, etc., que la nouvelle loi procure aux vins et cidres, tandis encore que le prix de revient de la bière vient d'être augmenté par suite des droits de douane récemment votés sur les houblons et les orges.

C'est ainsi encore qu'elle a protesté contre l'aggravation d'impôt que la loi nouvelle ferait supporter aux bières légères.

Ces chiffres et ces considérations parlent d'eux-mêmes assez haut pour qu'il soit inutile d'y insister — comme il a fallu le faire quand il s'agissait d'exposer et de faire comprendre des considérations purement techniques.

La brasserie du Nord proteste de même à l'avance contre toute mesure qui demanderait, à une augmentation sur les licences des débits, les ressources auxquelles le Gouvernement renonce par les dégrèvements. Elle fait remarquer que si le dégrèvement est moindre sur la bière, qui est la boisson populaire du Nord, que sur les autres boissons hygiéniques, c'est aussi sur le Nord, où le nombre des débits est bien plus grand que dans le reste de la France, que retomberait surtout la charge de l'augmentation des licences.

PROJET DE LOI PROPOSÉ PAR LE GOUVERNEMENT

(Chaque article est suivi d'une note reproduisant l'exposé des motifs du Gouvernement).

Art. 44. — Il est perçu à la fabrication des bières un droit, en principal et décimes, de cinquante centimes par hectolitre et par degré de densité des moûts, sans qu'en aucun cas la taxe puisse être inférieure à 1 fr. 50 par hectolitre.

Constatée au moyen du densimètre centésimal, à la température de 15 degrés centigrades, la densité des moûts est déclarée par le brasseur et contrôlée par les employés de la Régie. Une taxe complémentaire en sus du tarif édicté par le premier paragraphe du présent article est perçue à raison de 0 fr. 50 par hectolitre et par chaque degré non déclaré.

Cet article consacre à la fois un dégrèvement sensible et une importante réforme dans l'assiette de l'impôt. Etant donné qu'une bonne bière de consommation courante pèse de 4 à 5°, l'impôt ressortira en moyenne à 2 francs par hectolitre. La taxe sera donc sensiblement inférieure à ce qu'elle est aujourd'hui (3 fr. 75 pour la bière ordinaire et 1 fr. 25 pour la petite bière).

Le nouveau mode de perception basé sur la densité des moûts répond aux vœux de la majorité des industriels qui se plaignent des entraves apportées par le régime actuel aux progrès de la fabrication. Il ne paraît pas devoir rencontrer dans la pratique de sérieuses difficultés.

Le grand nombre de brasseries dans la région du Nord ne permettra pas au service d'arriver toujours au moment précis pour constater la densité du moût. Il a donc fallu laisser au brasseur le soin de déclarer cette densité. Les déclarations reconnues inexactes entraîneront le payement d'une double taxe sur les degrés en sus. C'est là une pénalité tout à fait modérée.

Art. 45. — Indépendamment des vérifications autorisées par l'article 111 de la loi du 28 avril 1816, les employés sont autorisés à suivre de jour et de nuit, pendant quarante-huit heures après l'entonnement de chaque brassin, les effets de la fermentation et à constater toute décharge partielle, tout excédent de production à la quantité déclarée imposable par l'article 110 de la même loi.

Les employés sont également autorisés à pénétrer dans les brasseries à toute heure de jour et de nuit, même en cas de non-fabrication, lorsqu'il existe dans ces établissements des générateurs de vapeur en activité ou lorsque de l'eau chaude y est conservée, qu'elle qu'en soit la destination.

Dispositions destinées à permettre le contrôle des déclarations et à prévenir les fraudes par décharges partielles, fabrications clandestines, etc.

Ces dernières sont devenues beaucoup plus fréquentes, depuis que la plupart des établissements possèdent des générateurs de vapeur qui permettent de fabriquer un brassin dans l'espace d'une seule nuit. La législation en vigueur laisse le service entièrement désarmé contre ces abus.

Art. 46. — Un décret déterminera les conditions dans lesquelles sera constatée la densité des moûts pour l'application des droits, ainsi que les obligations à remplir par les brasseurs pour bénéficier, en cas d'exportation des bières, des dispositions de l'article 4 de la loi du 23 juillet 1820.

Il sera également pourvu par décret aux mesures à prendre pour que le matériel des brasseries ne puisse être mis clandestinement en activité pendant que ces établissements se trouvent légalement au repos, et moyennant lesquelles les brasseurs pourront être affranchis des visites de nuit prévues par l'article précédent.

La loi ne saurait ni prévoir tous les cas particuliers, ni entrer dans la réglementation des questions de détail. Cette réglementation, d'ailleurs, ne saurait avoir un caractère immuable, et il importe qu'elle puisse être tenue constamment en harmonie avec les changements apportés dans les procédés de fabrication.

Art. 47. — Sont abrogées les dispositions de l'article 112 de la loi du 28 avril 1816 et de l'article 8 de la loi du 1er mai 1822.

Art. 48. — Les contraventions aux articles 44 et 46 qui précèdent et aux décrets rendus pour leur exécution donnent lieu à l'application des dispositions de l'article 129 et de la loi du 28 avril 1816.

Dispositions d'ordre ne comportant aucun commentaire.

Art. 49. — Les contestations relatives à la densité des moûts et à la densité originelle des bières sont déférées aux commissaires-experts institués par l'article 19 de la loi du 27 juillet 1822.

La juridiction des commissaires-experts, instituée pour régler les contestations entre la Douane et les importateurs, a déjà été étendue, en matière de contributions indirectes, aux sucres indigènes et, dans certains cas, aux raisins secs. Elle facilite une solution très prompte et sans frais des contestations auxquelles peut donner lieu la nature ou la qualité des objets soumis à l'impôt.

LÉGISLATION BELGE

Loi du 20 Août 1885, mise en vigueur le 1er Janvier 1886.

CHAPITRE PREMIER
Base de l'impôt. *

ARTICLE 1er. — L'accise sur la fabrication des bières, *qu'elles soient destinées à la consommation ou à être converties en vinaigre*, est perçue *au choix du brasseur*, d'après *l'une des* bases suivantes :
    A. — D'après la quantité de farine déclarée;
    B. — *D'après la capacité de la cuve-matière*.

CHAPITRE II.
Accise d'après la quantité de farine déclarée.

ART. 3, § 1er. — Le taux de l'accise est fixé à 10 centimes par kilogramme de farine (2).

§ 2. — Le rendement légal est fixé à 25 litres de moût, à la température de 17 1/2° centigrades, ramenés à un degré et densité, par kilogramme de farine déclaré **

ART. 4. — La densité du moût est établie par degré et dixième de degré du densimètre au-dessus de 100 (densité de l'eau), à la température de 17 1/2° centigrades, dans les conditions à déterminer par le Ministre des Finances (2). ***

ART. 5. — Les déclarations concernant les versements en cuve-matière ou autres vaisseaux ne peuvent avoir lieu que pour des quantités indivisibles de 20, 25, 30, 35, 40, 45 ou 50 kilogrammes par hectolitre de capacité.

---

* Les dispositions et les articles de la loi belge relatifs à l'ancien mode d'imposition, d'après la capacité de la *cuve-matière* ou à la fabrication du vinaigre n'ont pas été reproduits ci-dessus.

Aujourd'hui il n'est plus perçu en Belgique suivant l'ancien mode d'imposition que 3 % environ du produit total de l'impôt sur les bières. C'est la preuve évidente de la faveur avec laquelle la Belgique a accueilli la nouvelle loi.

** ART. 3. — Si l'on ne considérait que le texte de la loi Belge on serait porté à croire qu'en effet la base de l'impôt est *la quantité de farine employée par le brasseur*. Mais c'est là une pure illusion que le législateur Belge a cru devoir donner pour des motifs spéciaux à la Belgique et qu'il serait trop long de détailler. Cela ressort à l'évidence de la discussion parlementaire et de l'exposé des motifs de la loi Belge.

« ART. 1er. — *La section centrale appelle
» l'attention de la Chambre sur ces mots :
» L'accise est perçue d'après la quantité de
» farine* DÉCLARÉE.
» *On ne se sert pas du mot* VERSÉE, *l'impôt
» frappant en réalité le rendement comme
» en Angleterre.*
» *La déclaration de la quantité n'est
» qu'un moyen de contrôle auquel le bras-*
» *seur doit se soumettre. Mais le brasseur qui
» déclarera par exemple verser 1,000 kilog.
» de farine ne garantit pas l'exactitude de
» sa déclaration de versement...* Ce brasseur
» *s'engage à ne pas produire au-delà de
» 250 hect. de moût ramenés à 1° de densité.
» Si au lieu de verser 1,000 kilog. il en est
» versé 1,250, il ne sera pas passible de
» l'amende comminée par l'art. 12, du mo-
» ment qu'avec ces 1,250 kilog. il ne dépasse
» pas le rendement légal, qui sera dans
» cette hypothèse de 250 hectol. de moût,
» plus la tolérance de 20 hectol., soit ensem-
» ble 270 hectol.*

La base de l'impôt, c'est le rendement légal de la quantité de farine déclarée, l'unité imposable à la taxe de 0,10 centimes, c'est la quantité de 25 livres de moût à 1°, qui est considérée par la loi comme le rendement légal de 1 kilog. de farine ou malt concassé.

La brasserie, dans la rédaction de l'art. 2 de son projet, a cru préférable d'appeler les choses par leur nom ; elle a pris pour base de l'impôt la densité du moût, et pour unité imposable, l'hecto de moût à 1° de densité, autrement dit le degré-hectolitre.

*** ART. 4. — Le projet de la brasserie a adopté le densimètre légal français, dont les indications sont établies pour des liquides ramenés à la température de 15° centigrades.

ART. 6, § 1er. — Les farines destinées au brassin sont disposées dans des sacs d'un poids uniforme, à proximité de la cuve-matière, ou dans une trémie jaugée, d'un accès facile et placée au-dessus de ce vaisseau, au moins deux heures avant l'heure déclarée pour le commencement des travaux.

§ 2. — Le Ministre des Finances pourra interdire l'usage de la trémie pour le contrôle du chargement, lorsque des abus seront constatés dans une usine.

§ 3. — A défaut d'espace suffisant dans le local où est placée la cuve-matière, un autre local peut être agréé par l'administration.

§ 4. — La farine ne peut être versée dans la cuve-matière plus de trente minutes avant l'heure déclarée pour le commencement des travaux.

ART. 7. — Sont assimilés à la cuve-matière tous vaisseaux, quelle que soit leur forme, servant à une première manipulation de matières farineuses ou saccharines.

ART. 8. — Il est permis aux brasseurs de transvaser, en tout ou en partie, et à plusieurs reprises, les matières détrempées de la cuve-matière dans une chaudière, *et vice versa*.

ART. 9, § 1er. — Les quantités de moût produites par chaque brassin sont réunies, avant toute mise en fermentation, dans un ou plusieurs vaisseaux, tels que cuves-guilloires, cuves collectrices ou toutes autres cuves, spécialement installés pour la constatation du rendement légal Les chaudières peuvent être utilisées aux mêmes fins, lorsque le brasseur a déclaré y faire emploi de substances saccharines.

§ 2. — Ces vaisseaux doivent être facilement accessibles aux employés et agréés par l'Administration.

§ 3. — Ils sont jaugés comme les cuves-matières et munis d'échelles métriques ou de bâtons de jauge conformes au modèle officiel et qui doivent être maintenus par le brasseur en bon état de conservation.

§ 4. — Tous les tuyaux existant entre le local où sont établis les vaisseaux mentionnés au paragraphe 1er du présent article et une autre partie de la brasserie doivent être compris dans la déclaration prescrite par l'article 5 du 2 août 1822, à moins qu'ils ne soient placés en évidence sur tout le parcours. *

ART. 10, § 1er. — Les moûts recueillis comme il est dit à l'article 9 restent, pendant une ou deux périodes d'une heure, à la disposition des agents de la surveillance

§ 2. — Une troisième période d'une heure pourra être autorisée par l'Administration si l'utilité en est reconnue.

§ 3. — Deux heures au moins avant le commencement de ces périodes, le brasseur pourra les retarder de deux heures par une inscription faite à l'encre au verso de l'ampliation de la déclaration de travail.

§ 4. — Les employés constatent pendant les périodes mentionnées aux paragraphes précédents la densité et le volume des moûts chaque fois qu'ils le jugent convenable.

§ 5. — Il est interdit de confondre, avant l'expiration de ces périodes, les produits du brassin auquel elles se rapportent avec les produits d'un autre brassin. Le Ministre des Finances peut accorder relativement à l'exécution de cette disposition, les facilités que le mode de fabrication de certaines bières rendrait nécessaires.**

ART. 11. — Les brasseurs sont obligés de tenir constamment à la disposition des employés : une balance ou une bascule, des poids, des mesures, des bâtons de jauge et de la lumière, ainsi que de donner à ces agents les facilités nécessaires pour leur permettre de se rendre compte des matières imposables employées au brassin et de la densité des liquides qui en forment le produit.

ART. 12. — Tout excédent de plus de deux litres et demi sur le rendement légal tel qu'il est fixé par le second paragraphe de l'article 3, est puni d'une amende de cinquante centi-

---

*ART. 9 — Il semble qu'il y aurait avantage à tous les points de vue à faire la CONSTATATION pour la perception de l'impôt des quantités de moût obtenues dans le brassin le plus tôt possible après la fabrication de ce moût. C'est pourquoi le projet de la brasserie propose qu'elle soit faite en chaudière peu après la rentrée de tous les moûts.

Il est bien entendu que le CONTRÔLE de la Régie n'en subsisterait pas moins pendant toute la durée du brassage, depuis le versement du malt en cuve-matière jusqu'à l'enlèvement des drêches d'une part et la décharge complète des chaudières de l'autre.

§ 4. — Cette prescription, très utile pour éviter la soustraction des moûts de la chaudière, pourrait être avantageusement complétée par la déclaration et le plan des tuyaux existants.

**ART. 10. -- La constatation en chaudière permet de simplifier une partie de la réglementation de l'art. 10.

mes par litre, indépendamment du payement des droits sur la totalité de l'excédent, sans que l'amende puisse être inférieure à 1,000 fr..

Art. 13, § 1er. — Toute soustraction de moût au payement de l'impôt est punie d'une amende de 25 francs par hectolitre de capacité des cuves-matières et chaudières mentionnées dans la déclaration de travail.

§ 2. — Tout moyen pour entraver ou fausser le contrôle des moûts est puni conformément au paragraphe précédent.

§ 3. — Il en est de même de l'existence de moût avant l'expiration des périodes mentionnées à l'article 10, partout ailleurs que dans les vaisseaux repris à la déclaration de profession.

§ 4. — Est punie de la même peine l'existence de tuyaux clandestins ainsi que celle des vaisseaux non déclarés et portant des traces d'un usage illicite.

§ 5. — En cas de découverte d'un tuyau clandestin, les employés peuvent rechercher, même dans une maison voisine, le vaisseau auquel il aboutit.

§ 6. — Si cette recherche n'amène aucun résultat, les dégâts qu'elle aurait éventuellement occasionnés sont réparés aux frais du Trésor. *

Art. 14. — Si, pour l'un ou pour l'autre des faits indiqués aux deux articles précédents, un brasseur est constitué plusieurs fois en contravention pendant une période de trois ans, l'amende est double pour la première récidive et triple pour la deuxième et les suivantes.

CHAPITRE IV.
Dispositions générales.

Art. 18. — Si le montant des droits sur les bières fabriquées pendant la première ou la seconde année de la mise en vigueur de la présente loi, déduction faite des quantités exportées avec décharge de l'accise, atteint 15, 16, 17 ou 18 millions, l'impôt *fixé par les articles 3 et 15* sera respectivement réduit de 5, 10, 15 ou 20 %.

Art. 19. — Le Gouvernement constatera par arrêté royal, au plus tard le 21 janvier 1887 et 1888, le montant des droits dont il s'agit à l'article précédent. Il fixera, le cas échéant, par le même arrêté, l'époque à partir de laquelle l'impôt modifié sera applicable.

Art. 20. — Le gouvernement peut, aux conditions qu'il détermine, accorder l'exemption totale ou partielle de l'impôt sur la fabrication des bières au moyen de substances saccharines soumises à l'accise.

Art. 21, § 1er. — Le versement et le mouillage de la farine dans la cuve-matière peuvent s'effectuer simultanément, pour autant que ces opérations soient terminées dans les délais ci-après, qui courent à partir de l'heure déclarée pour le commencement du travail dans ladite cuve.

25 minutes pour une cuve-matière de 30 hectolitres au moins ;

35 minutes pour une cuve-matière de plus de 30 à 45 hectolitres ;

45 minutes pour une cuve-matière de plus de 45 hectolitres.

§ 2 — L'existence *non justifiée* de farine ou de toute autre matière propre à faire de la bière, dans le local où se trouve la cuve-matière, dans celui où est placée la trémie et éventuellement dans le local qui aurait été agréé conformément à l'article 6, § 3, est interdite :

A. — Passé le délai mentionné au paragraphe 1er ci-dessus, dans les brasseries où l'on use de la faculté accordée par ledit paragraphe ;

B. — A partir du moment où l'on commence le mouillage de la farine dans toutes les brasseries.

§ 3. — Pareille défense est faite en ce qui concerne le local où se trouve la chaudière déclarée conformément à l'article 16, aussitôt que des métiers sont introduits dans un vaisseau autre que ladite chaudière et le réverdoir.

Art. 22, § 1er. — Par modification à l'article 13 de la loi du 2 août 1822, la déclaration de travail doit être faite au plus tard entre neuf heures avant midi et trois heures après-midi l'avant-veille du jour fixé pour le commencement des travaux dans la cuve-matière, si la brasserie est située dans une commune qui n'est pas le chef-lieu d'une section et la résidence du receveur des accises.

§ 2. — La déclaration de travail doit être complétée par les indications suivantes :

16° S'il usera ou non de la faculté d'effectuer simultanément le versement et le mouillage de la farine dans la cuve-matière ;

17° Si les matières seront ou non transva-

---

* Art. 13.—Les pénalités stipulées par la loi Belge sont élevées, mais cette rigueur parait nécessaire pour éviter toute chance de fraude, quelque parfaites que soient les réglementations préventives de la loi. Elles sont ici proportionnées sinon à l'importance de la brasserie, du moins à l'importance de la capacité des vaisseaux de fabrication.

sées de la cuve-matière dans une chaudière et vice-versa et dans ce cas le numéro et la contenance de cette chaudière ;

18° La période ou les périodes de temps dont parle l'article 10, avec indication des vaisseaux qui seront employés pour la réunion des moûts à vérifier.

§ 3. - Le temps fixé par le tarif annexé à la loi du 2 août 1822, en ce qui concerne la durée du travail dans la cuve-matière pour un brassin de bière brune, est applicable à la fabrication des bières jaunes et blanches.

ART. 23, § 1er. — Le premier alinéa de l'article 17 de la loi du 2 août 1822 est remplacé par la disposition suivante :

Les brasseurs qui seront convaincus d'avoir fait usage de cuves-matières ou de chaudières autres que les ustensiles qu'ils ont compris dans la déclaration de travail seront punis d'une amende de 1,000 fr., outre le payement des droits fraudés.

§ 2. — L'amende pour toute contravention prévue par les 2e et 3e alinéas du même article est portée à 5,000 fr.

ART. 24. — Les brasseurs sont tenus de laisser à la disposition des agents de l'Administration, au moins jusqu'à l'heure déclarée pour la fin de l'entonnement des bières, les ampliations des déclarations de travail. Ils doivent également conserver dans leur usine un livret sur lequel les employés annotent la situation des travaux.

ART. 25. — En cas de contestation, soit sur l'existence illégale de matières dans un vaisseau non déclaré à cet usage ou dans l'usine ou ses dépendances soit sur la nature et la richesse des moûts, les brasseurs doivent, à la demande des employés, leur fournir deux bouteilles d'échantillons d'un demi-litre au moins de chacune des substances en litige.

ART. 27. - Les contraventions à la présente loi, non spécialement prévues par les dispositions qui précèdent, sont punies d'une amende de 1,000 fr, indépendamment du payement des droits fraudés

ART. 30. — Pour faciliter l'introduction du mode de prise en charge institué par le § A de l'article 1er, les brasseurs seront autorisés, s'ils en font la demande, à effectuer, en présence des employés, trois brassins d'essai pour lesquels ils ne seront tenus de payer l'accise que d'après le rendement constaté à l'achèvement des travaux.

ART. 32. — La présente loi sera obligatoire à partir du 1er janvier 1886.

Arrêté royal du 10 Octobre 1885

Emploi de substances saccharines.

ARTICLE 1er. — L'exemption d'impôt dont parle l'art. 20 de la loi du 20 août 1885 est réglementée par les articles 2 et 6 ci-après.

ART. 2. — Les brasseurs qui désirent ajouter aux moûts de leurs brassins des sucres cristallisés, des sirops de sucres cristallisables, des glucoses, des maltoses ou d'autres substances saccharines analogues, doivent renseigner dans leur déclaration de travail :

a. La quantité en poids et l'espèce de substances saccharines qu'ils utiliseront ;

b. La dénomination, le numéro et la contenance des vaisseaux dans lesquels ces matières seront ajoutées ;

c La date et l'heure auxquelles le versement des substances saccharines aura lieu dans lesdits vaisseaux.

ART. 3 — Le minimum des quantités de substances saccharines que les brasseurs peuvent employer est fixé, par hectolitre de contenance des vaisseaux dans lesquels ces substances sont ajoutées, savoir :

Pour les sucres cristallisés à 2 kilogrammes.
Et pour les autres matières à 5 kilogrammes.

ART. 4, § 1er. — Les substances saccharines ne peuvent être ajoutées aux moûts en exemption de l'impôt sur la fabrication des bières que dans les vaisseaux suivants :

a. Les chaudières à cuire les moûts et les bières ;

b. Les cuves guilloires ou autre vaisseau spécialement destiné à cet usage.

§ 2. — Deux heures au moins avant d'être employées, ces substances sont déposées à proximité de ces vaisseaux, afin que les agents de l'Administration puissent en vérifier la nature et le poids.

§ 3. — Le brasseur doit tenir à cet effet à la disposition des agents une balance ou une bascule, ainsi que des poids, et donner toutes facilités pour opérer les constatations nécessaires.

§ 4. — Quinze minutes après l'heure déclarée pour l'addition aux moûts des substances saccharines dans les vaisseaux destinés à cet usage, il ne peut plus exister de ces substances dans les locaux où se trouvent les cuves et les chaudières.

ART. 5. — Le versement des substances saccharines dans les vaisseaux désignés au § 1er de l'art. 4 ne pourra avoir lieu qu'après l'heure déclarée pour la fin des travaux de trempe, et, éventuellement, après l'expiration de la période ou des périodes de temps, déclarées conformément au § 2 de l'article 32 de la loi du 20 août 1885, en observant, pour la constatation du rendement, si le brasseur travaille sous le régime du chapitre II de la loi du 20 août 1885, les dispositions des art. 7, § 2, 8, 9 et 10 ci-après.

ART. 6, § 1er. — S'il est constaté qu'un brasseur, qui a déclaré vouloir faire usage de substances saccharines, ne donne pas ou n'a pas donné suite sous ce rapport à sa déclaration, on simule l'emploi régulier desdites substances en ne versant pas par hectolitre de contenance des vaisseaux déclarés le minimum (en poids) prévu par l'art. 3, il ne sera plus admis à déclarer le versement de ces substances dans ses moûts, en exemption de droits.

§ 2. — La constatation dont il s'agit au paragraphe précédent est relatée dans un procès-verbal d'ordre, qui est transmis d'urgence au receveur du ressort.

Accise d'après la quantité de farine déclarée.

ART. 7, § 1er. — Le brasseur est tenu de régler les périodes dont parle l'art. 10 de la loi du 20 août 1885, de manière que la constatation du rendement pour tout le brassin puisse se faire dans le plus court délai possible, et dans les mêmes conditions. Toutefois, lorsque la première période aura été déclarée pour la constatation de moûts froids, la seconde pourra être déclarée pour la constatation de moûts chauds, afin d'accélérer l'opération.

§ 2. — Le commencement desdites périodes ne pourra, dans aucun cas, précéder l'heure déclarée pour la fin des travaux de trempe.

ART 9. — Lorsque le rendement du brassin est constaté avant le refroidissement des moûts, — soit que la réunion de ces derniers se fasse au sortir des chaudières, soit que, en cas d'emploi de substances saccharines, la constatation du rendement ait lieu dans les chaudières mêmes, ainsi que cela est prévu par l'art. 9, § 1er *in fine*, de la loi du 20 août 1885, — les moûts d'épreuves prélevés par les employés pour servir à la constatation de la densité doivent être ramenés à la température de 17 1/2 degrés centigrades.

A cet effet le brasseur doit fournir un appareil de refroidissement, agréé par l'Administration, et propre à baisser la température du moût d'épreuve jusqu'à 17 1/2 degrés centigrades, en dix minutes au plus.

Toutefois les employés pourront, si le brasseur y consent, constater la densité des moûts d'épreuve dont la température sera comprise entre 11 et 29 degrés centigrades, sauf à faire la correction de la densité à la température normale de 17 1/2 degrés centigrades d'après les indications du tableau suivant :

Lorsque la température des moûts est supérieure à 17 1/2° centigrades.		Lorsque la température des moûts est inférieure à 17 1/2° centigrades	
Degré de température.	La densité doit être augmentée de	Degré de température.	La densité doit être diminuée de
18	0.01	17	0.01
19	0.03	16	0.03
20	0.05	15	0.04
21	0.07	14	0.06
22	0.09	13	0.07
23	0.11	12	0.08
24	0.14	11	0.09
25	0.16		
26	0.19		
27	0.22		
28	0.24		
29	0.27		

OBSERVATIONS. — Lorsque le véritable point d'enfoncement du densimètre se trouve entre deux divisions d'un dixième de degré, on le lit aussi exactement que possible en comptant les fractions d'un dixième de degré. Le point d'enfoncement ainsi constaté est alors augmenté ou diminué des chiffres mentionnés ci-contre. On néglige ensuite les fractions au-dessous d'un dixième de degré pour le chiffre que l'on obtient par la susdite opération.
Si le moût est à une température supérieure ou inférieure aux degrés mentionnés ci-contre, on le ramène entre 29° et 11° centigrades en le refroidissant ou en le chauffant.

ART. 9, § 1er. — Dans les cas prévus par l'art 8, c'est-à-dire quand le rendement est constaté avant le refroidissement des moûts, et, en général, lorsque ceux-ci ont, au moment de cette constatation, une température supérieure à 29° centigrades, il sera accordé, sur le volume des moûts, une réduction variant d'après la température qui sera constatée lors de la détermination de ce volume.

§ 2. — Cette réduction aura lieu dans les proportions suivantes :

30 à 40° centigrades exclusivement		0,005
40 à 50°	—	0,009
50 à 60°	—	0,013
60 à 70°	—	0,018
70 à 80°	—	0,024
80 à 90°	—	0,031
90 à 100°	—	0,039 (19 et 20)

ART. 10. — Il ne sera accordé, lors de la constatation du rendement, aucune déduction du chef du volume que le houblon pourrait occuper dans les moûts.

ART. 11, § 1er. — Les brasseurs sont tenus d'inscrire pour chaque brassin, dans un registre fourni par l'Administration, savoir :
1° L'heure de la fin réelle du déchargement des derniers moûts de la cuve-matière ou d'autres vaisseaux ayant servi à des travaux de trempe ;
2° Le volume total des moûts produits avec indication des numéros et de l'espèce des vaisseaux dans lesquels ils se trouvent.

§ 2. — Cette inscription devra en tous cas être effectuée avant l'expiration de l'heure qui suit celle renseignée dans la déclaration de travail pour la fin des travaux de trempe.

§ 3. — Le brasseur qui désire conserver des moûts faibles — c'est-à-dire intérieurs à 2 degrés de densité à la température de 17 1/2 degrés centigrades — provenant des dernières trempes d'un brassin pour servir aux travaux du brassin suivant, doit en faire mention, sous le n° 17, dans sa déclaration de travail, de la manière ci-après :
« 17° Qu'il mettra des moûts faibles en réserve pour servir au brassin suivant. »
Il indique dans le registre dont parle le § 1er, la date et l'heure de la mise en réserve de ces moûts et de leur emploi ultérieur, leur volume et leur densité à la température de 17 1/2 degrés centigrades, ainsi que la désignation des vaisseaux dans lesquels ils sont conservés.
Les moûts faibles ainsi réservés ne doivent pas être compris dans la constatation du produit du brassin dont ils proviennent.
Tout enlèvement partiel ou total de ces moûts avant l'heure indiquée pour leur emploi au brassin suivant, ou tout détournement desdits moûts de cette destination, entraîne l'application de l'amende comminée par le § 1er de l'art. 13 de la loi du 20 août 1885.
Les ampliations des déclarations de travail resteront jointes au registre jusqu'au moment de la mise en usage des moûts faibles de réserve.

§ 4. — Les inscriptions dudit registre doivent être faites lisiblement, sans ratures ni surcharges et conformément à l'instruction placée en tête du modèle arrêté par l'Administration. Ce registre est représenté à toute réquisition des employés et remis à ceux-ci, contre reçu, dès qu'il est rempli.

ART. 12, § 1er. — Les pompes, monte-jus, tuyaux ou nochères servant à conduire les métiers, moûts ou bières d'un vaisseau dans un autre, doivent être en évidence et disposés de manière à pouvoir être facilement surveillés, à l'exception toutefois de ceux aboutissant aux vaisseaux de réunion, pourvu qu'ils soient renseignés dans la déclaration de possession, conformément au § 4 de l'art. 9 de la loi du 20 août 1885

Art. 13, § 1er. — Les chaudières servant à la cuisson des moûts doivent être munies d'un niveau d'eau en verre répondant aux conditions de l'appareil dont le modèle sera arrêté par le Ministre des Finances et permettant de constater le volume des moûts ou autres liquides contenus dans les vaisseaux.

§ 2. — L'échelle de graduation de ce niveau d'eau doit être établie par demi-centimètres. Le procès-verbal de jaugeage renseigne celles de ces divisions qui, d'après le jaugeage par empotement, correspondent à des contenances de cinq ou de dix hectolitres, selon que la chaudière sert ou non de vaisseau-collecteur.

§ 3. — Les dispositions du § 2 s'appliquent également aux bâtons de jauge servant à mesurer le volume des liquides dans les vaisseaux-collecteurs autres que les chaudières. L'endroit où ces bâtons ont été placés lors du jaugeage par empotement sera marqué sur le bord des vaisseaux. Mention en sera faite sur le procès-verbal de jaugeage ainsi que la distance du bord à laquelle les bâtons doivent être plongés pour éviter la courbure des parois existant éventuellement au bas des vaisseaux.

§ 4. — Un niveau d'eau conforme à celui qui est mentionné au § 1er pourra remplacer le bâton de jauge destiné à constater le volume des moûts dans les vaisseaux-collecteurs.

§ 5. — Lorsque, d'après le bâton de jauge ou le niveau d'eau, le volume des moûts à constater ne correspondra pas rigoureusement aux divisions dont parle le § 2, il sera évalué le plus exactement possible par les divisions intermédiaires.

Dispositions *communes aux deux modes de prise en charge.*

Art. 14, § 1er. — Les brasseurs doivent, dans les dix jours qui suivent la signification du procès-verbal de jaugeage, indiquer, en caractères apparents et peints à l'huile, sur les vaisseaux compris dans ledit procès-verbal, la destination, le numéro et la capacité de chacun d'eux.

§ 2. — Toutes les chaudières, même celles destinées au chauffage de l'eau, seront établies de manière que les agents de l'Administration y aient un accès facile et puissent, en tout temps, sans aucune entrave, y prendre des échantillons soit par un robinet de décharge, soit de toute autre manière.

§ 3. — A la demande des employés, le brasseur est tenu, après avoir, le cas échéant, arrêté la marche de l'agitateur, de faire remuer convenablement les liquides avant la prise d'échantillons, afin d'obtenir un mélange homogène.

Art. 15, § 1er. — Les brasseurs doivent placer dans leur usine, à un endroit facilement accessible et convenablement éclairé, un pupitre avec boîte à l'usage exclusif des agents chargés de la surveillance.

§ 2. — Ce pupitre sera d'une élévation telle que les employés puissent y tenir facilement leurs écritures ; il sera assez grand pour pouvoir contenir le livret mentionné à l'art. 24 de la loi du 20 août 1885 et éventuellement au registre prescrit par l'art. 11 du présent arrêté, les instruments (densimètres et thermomètre), les éprouvettes et le verre gradué. Lorsque ces objets seront déposés dans le pupitre, les brasseurs devront veiller à leur bonne conservation. Ils ne pourront, en aucun cas, altérer les inscriptions faites au livret et au registre mentionnés ci-dessus.

§ 3. — Deux chaises devront en outre être mises à la disposition des employés.

§ 4 — Les ampliations des déclarations de travail seront conservées dans le pupitre dont parle le § 1er, pendant tout le temps fixé par l'art. 24 déjà cité de la loi du 20 août 1885

Art. 16. — Les contraventions aux dispositions des art. 1 à 6, prises en exécution de l'art. 28 de la loi du 20 août 1885 et les contraventions aux mesures arrêtées en vertu de l'art 29 de la même loi sont respectivement punies de l'amende de 1,000 fr. conformément à l'art. 27 de ladite loi, ou de l'amende de 800 fr. fixée par le 3e alinéa de l'art. 10 de la loi du 9 juin 1853.

Art. 17. — Notre Ministre des Finances est chargé de l'exécution du présent arrêté qui sera obligatoire à partir du 1er janvier 1886

Accise n° 2044.

Léopold II, roi des Belges,

A tous présents et à venir, Salut.

Article 1er. — Les articles 5, 9 § 1er, 10 §§ 1er et 2 et 22 § 1er de la loi du 20 août 1885 (*Moniteur* n° 238) sont remplacés par les dispositions suivantes :

Art. 5. — Les déclarations concernant les versements de farines en cuve-matières ou autres vaisseaux ne peuvent avoir lieu que pour des quantités exprimées en nombres entiers, à partir de 15 kilogrammes au minimum par hectolitre de capacité, sans que la totalité du versement ne puisse être inférieure à 300 kilogrammes.

Art 9 § 1er. — *a*. Les quantités de moûts

produites par chaque brassin sont réunies, avant toute mise en fermentation, dans un ou plusieurs vaisseaux, telles que chaudières, cuves guilloires, cuves collectrices ou toutes autres cuves, spécialement installées pour la constatation du rendement légal.

b. Les moûts doivent avoir subi une ébullition ou avoir atteint une température d'au moins 85° centigrades avant le commencement de la période déclarée pour la réunion.

c. Lorsque la constatation du rendement a lieu dans les chaudières, le brasseur doit, à la demande des agents de l'Administration, ralentir le feu sous ces vaisseaux, établir la communication avec l'indicateur-niveau et prélever, soit par la décharge existante, soit par un robinet spécial, placé à 20 centimètres au plus au-dessus de cette décharge, soit par tout autre moyen agréé par l'Administration, les échantillons devant servir à contrôler la densité et la température des moûts produits. Il sera loisible au brasseur de laisser couler, au préalable, un hectolitre de moût au moins, sauf à le reverser immédiatement dans les chaudières. Le refroidissement et le contrôle des moûts pourront être effectués en vases clos.

ART. 10. — § 1er Les moûts recueillis comme il est dit à l'article 9 restent, pendant une période d'une heure, à la disposition des agents de la surveillance.

§ 2. Une seconde période d'une heure sera accordée. pour autant que l'intervalle entre les deux périodes ne dépasse pas six heures. (152.)

ART. 22, § 1er. — Par modification à l'article 13 de la loi du 2 août 1822, la déclaration de travail doit être faite au plus tard, entre neuf heures avant midi et trois heures après-midi, l'avant-veille du jour fixé pour le commencement des travaux dans la cuve-matière, si le bureau du receveur du ressort n'est pas établi dans une commune qui est le chef-lieu de la section des accises.

Toutefois, l'Administration pourra dispenser les brasseurs de se conformer aux dispositions qui précèdent, à la condition que la veille du brassin, ils en donnent avis au chef de la section des accises, avant quatre heures après-midi.

ART. 2. — Les dispositions ci-après sont ajoutées aux articles 13, 21, 22 et 29 de la loi du 20 août 1885.

ART. 13, § 7. — Sera punie de l'amende comminée par le paragraphe 1er, toute soustraction de moûts au contrôle, soit en retenant des moûts dans la cuve-matière ou dans la cuve de clarification avec la drèche, soit en les laissant écouler à perte, soit en les recueillant dans des vaisseaux non déclarés à cet usage, lorsque la quantité de moûts ainsi recueillie ou pouvant être recueillie en trente minutes de temps, s'élève, après réduction à la densité d'un degré, à la température de 17 1/2° centigrades, à plus d'un quart de litre par kilogramme de farine déclarée.

Toutefois, cette amende ne sera pas encourue, si ladite quantité de moûts ajoutée au rendement constaté ne fait pas dépasser le rendement légal augmenté de 10 %

ART. 21, § 1er (2e alinéa). — Lorsqu'il est fait usage de plusieurs vaisseaux servant à une première manipulation de matières farineuses, l'Administration peut accorder pour le versement de ces matières, un délai de deux heures, à partir de l'heure déclarée, pour le commencement du travail dans celui desdits vaisseaux qui sera employé le premier.

ART. 22, § 4. — Par modification au troisième alinéa de l'article 18 de la loi du 2 août 1822, le travail dans la cuve-matière peut commencer entre cinq heures du matin et midi, du 1er octobre au 31 mars.

ART. 29 (2e alinéa). — Les dispositions de l'article 27 sont applicables à toute infraction aux mesures prises en vertu du présent article.

ART. 3. — La présente loi sera obligatoire à partir du 1er octobre 1887.

Promulgons la présente loi, et ordonnons qu'elle soit revêtue du sceau de l'Etat et publiée par la voie du *Moniteur*.

LÉOPOLD.

Par le Roi,
Le Ministre des Finances,
A. BEERNAERT.

PROJET DE LOI SUR LA FABRICATION DE LA BIÈRE

PRÉSENTÉ

par l'Union générale des Syndicats de la Brasserie française

1. — Conditions d'établissement.

ARTICLE Ier. — Tout établissement à usage de brasserie portera au-dessus de l'entrée principale une enseigne sur laquelle sera inscrit d'une manière apparente le mot *Brasserie*.

Toute personne qui voudra construire, transformer ou ouvrir une brasserie est tenue d'en faire la déclaration par écrit à l'Administration des contributions indirectes au moins quinze jours avant le commencement de sa fabrication.

La déclaration devra désigner les cuves-matières, chaudières et récipients destinés à la manipulation des moûts.

ART. II. — Il est interdit de changer, modifier ou altérer la contenance des appareils épalés, sans en faire au moins 48 heures à l'avance la déclaration par écrit à l'Administration des contributions indirectes. Cette déclaration impliquera pour la brasserie défense d'emploi de ces vaisseaux, jusqu'à ce que les nouvelles capacités aient été reconnues conformément aux dispositions de la présente loi.

ART. III. — On ne pourra brasser que dans des chaudières fixées à demeure ayant une capacité totale supérieure à 8 hectolitres.

ART. IV. — Les chaudières de cuisson seront établies de manière que tous les tuyaux, pompes, monte-jus, élévateurs, conduits et caniveaux servant au transport des moûts soient en évidence et disposés de manière à être facilement surveillés.

L'Administration des contributions indirectes aura en tout temps le droit de faire toute recherche de vaisseaux et conduits clandestins dont le service pourra même suivre la continuation dans les propriétés voisines. Si cette recherche n'amène aucun résultat, les dégâts seront réparés aux frais du Trésor.

ART. V. — Les chaudières seront, par les soins de la Régie, jaugées par empotement, hectolitre par hectolitre, au moyen d'appareils présentant une précision suffisante et dûment poinçonnés.

Les hauteurs constatées sur l'échelle à chaque hectolitre seront indiquées au procès-verbal d'épalement.

Dans les dix jours qui suivront la signature du procès-verbal de jaugeage, le brasseur devra indiquer en caractères apparents sur les vaisseaux portés audit procès-verbal leur numéro et capacité. Il devra repérer sur l'échelle métrique, et de manière à ne pas endommager celle-ci, les capacités, hectolitre par hectolitre, et numéroter d'une manière lisible les contenances de cinq en cinq hectolitres.

Les cuves-matières, chaudières à dickmaïsche, à lautermaïsche ou à moûts troubles, les réverdoirs, bâches et chaudières à eau, bacs à houblons, bacs d'attente et refroidissoirs, cuves-guilloires seront épalés hectolitre par hectolitre et les hauteurs de liquide correspondantes inscrites au procès-verbal.

ART. VI. — Le brasseur ou son délégué dûment autorisé est tenu d'assister à l'épalement. Il fournit l'eau nécessaire à l'opération.

Il fournit également les ouvriers nécessaires au jaugeage.

ART. VII. — Les chaudières de cuisson seront munies d'un tube de niveau en verre placé à demeure fixe sur une échelle verticale placée sur le pourtour de la chaudière. Cette échelle sera divisée en mètres, décimètres, centimètres et millimètres. Le tube de niveau et son échelle devront être accessibles sur toute leur hauteur.

Les tubes seront agencés de manière à indiquer exactement le niveau du liquide contenu dans les chaudières. Ils seront munis au bas de robinets et d'ajutages permettant d'en renouveler le contenu et de prélever des échantillons du moût. Le brasseur est tenu, sous les peines édictées par la présente loi, d'entretenir ces tubes, robinets et ajutages en bon état de fonctionnement.

2. — Taxes.

ART. VIII. — A dater de la promulgation des présentes il est perçu sur la fabrication de la bière un droit en principal et décimes de   centimes par degré de densité et par hectolitre de moût ramené à la température de 15° centigrades.

La densité est établie par degrés et dixièmes de degré de densité, l'unité étant constituée par l'eau pure prise à la température de 15° centigrades. Elle sera constatée au moyen du densimètre légal dont les indications seront conformes au présent article.

ART. IX. — Si le nombre de degré-hectolitres, — c'est-à-dire d'hectolitres ramenés à la densité de 1°, — constatés par le service des contributions, dépassait de plus de 10 % la quantité déclarée, l'excédent étant toutefois inférieur à 15 %, cet excédent sera pris en charge à raison d'un double droit par degré-hectolitre.

Si l'excédent dépassait 15 % sans atteindre 20 %, la

totalité de l'excédent serait prise en charge à raison de 3 fr. par degré-hectolitre.

Tout excédent de plus de 20 % sera considéré comme frauduleux et puni des peines édictées par la présente loi.

ART X. — Le taux de la taxe sera calculé en raison du chiffre total de l'impôt demandé à la brasserie. Si, à la fin du premier exercice, la taxe n'a pas produit la somme totale de   millions, elle sera par simple décret augmentée d'autant de fois 5 centimes qu'il sera utile, en prenant pour base la quantité fabriquée dans l'année écoulée.

Si, à la même date, la taxe a produit plus de millions au total, elle sera réduite par degrés proportionnellement à la somme perçue en surplus

ART. XI. — Les personnes et établissements qui fabriquent de la bière pour leur consommation et sans en faire commerce sont assujettis aux mêmes taxes que les brasseurs de profession, sauf en ce qui concerne la patente.

3. — Exercice.

ART. XII. — Le brasseur est tenu de faire au bureau des contributions indirectes, avant quatre heures de l'après-midi, ou tout au plus tard quatre heures avant le commencement du brassin dans les villes, et huit heures dans les campagnes, une déclaration indiquant :

1° Les numéros des cuves-matières et vaisseaux assimilés dans lesquels il opérera la saccharification et les numéros des chaudières et appareils dans lesquels il opérera la cuisson ;

2° L'heure du versement des matières premières dans les cuves ou appareils de saccharification ;

3° L'heure de la rentrée des moûts clairs dans les chaudières à houblonner ;

4° L'heure de la fin de l'introduction des moûts clairs dans les chaudières à houblonner ;

5° Les heures auxquelles se fera le déchargement de chaque chaudière ;

6° La quantité en toutes lettres de degré-hectolitres qu'il entend produire.

ART. XIII. — La détermination de la base imposable se fera pour chacune des chaudières en constatant au même moment le volume et la densité du moût ramené à la température de 15° centigrades au moyen des tables de correction annexées à la présente loi.

Le produit du volume multiplié par la densité donnera le nombre de degré-hectolitres contenu dans la chaudière.

La somme des degré-hectolitres constatés dans tous les vaisseaux de cuite exprimera la quantité de matière imposable produite dans le brassin.

ART. XIV. — La prise en charge des moûts fabriqués exprimée en degré-hectolitres se fera dans les chaudières de cuite quels qu'en soient le nombre, la forme et les dimensions. Ces chaudières seront épalées et devront porter les appareils de contrôle prescrits par la présente loi.

Les *constatations* pour la reconnaissance de la base imposable seront faites pendant la période qui commence une heure après le moment déclaré pour la cessation des travaux de la cuve-matière et finit au moment déclaré pour la décharge des chaudières, en tenant compte des dispositions prescrites aux articles XVI et XVII ci-après.

En aucun cas cette période ne pourra avoir une durée inférieure à deux heures.

ART. XV. — Les employés de la Régie auront le droit de visiter tous les locaux de la brasserie tant de nuit que de jour. Toutefois, ils ne pourront pénétrer pendant la nuit dans les brasseries qui auront fait apposer sur les appareils les scellés reconnus nécessaires par l'administration pour en prévenir l'emploi frauduleux.

ART XVI. — Les moûts produits sont à la disposition de la Régie et celle-ci a le droit de *vérifier* le nombre de degré-hectolitres qu'ils représentent pendant toute la période qui commence une heure après le moment déclaré pour la cessation des travaux de la cuve-matière et se termine à celui qui est fixé pour la décharge des chaudières. Les opérations de vérification pourront être répétées, si le service le juge nécessaire en vue de constater ou de rechercher les contraventions.

ART. XVII. — Le droit de vérification de la prise en charge cessera pour la Régie à partir du moment où toutes les chaudières seront déchargées, pourvu qu'à ce moment les résidus soient enlevés des cuves-matières et vaisseaux de saccharification

Si toutes les chaudières n'étaient pas vidées simultanément, les moûts déchargés demeureraient sous le contrôle du service, qui pourrait rechercher encore le nombre de degré-hectolitres contenus dans le même brassin jusqu'au moment de la vidange complète de la dernière chaudière.

En dehors des périodes de vérification, la Régie aura en tout temps accès dans les locaux de la brasserie afin de s'assurer qu'il ne s'y fait aucune opération clandestine, que les prescriptions de la présente loi y sont respectées, sauf l'exception prévue par l'article XV ci-dessus.

ART. XVIII. — Les chaudières à moûts troubles, à dickmaîsche et à lautermaîsche, cuiseurs à farine, sont assimilées, pour ce qui concerne le travail de dissolution et de saccharification, aux cuves-matières.

Elles pourront cependant être utilisée à la réunion, à la cuisson et à la constatation des moûts, pourvu qu'elles répondent aux conditions exigées des vaisseaux préposés à cet usage.

ART. XIX. — Pour opérer la lecture du volume contenu dans les chaudières, les agents requerront, s'il est nécessaire, le ralentissement du feu sous les vaisseaux, de manière à faire cesser l'ébullition. Le brasseur établira alors la communication avec le tube de niveau.

Il est permis de laisser couler au préalable un volume

de deux hectolitres de moût, à condition de le reverser immédiatement dans les chaudières. La lecture sera alors faite sur l'échelle métrique.

Un échantillon sera prélevé pour servir à déterminer la densité et la température des moûts.

Sur le volume constaté à la lecture il sera fait les réductions suivantes pour tenir compte de la dilatation éprouvée par le liquide et le ramener à ce qu'il serait à 15° :

De 50 à 60° centigrades exclusivement . . 1,3 %
De 60 à 70°   —   —   . . 1,8 %
De 70 à 80°   —   —   . . 2,4 %
De 80 à 90°   —   —   . . 3,2 %
De 90 à 100°   —   —   . . 4 » %
De 100 à 112°   —   et au-dessus. . . 6 » %

Aucune déduction ne sera faite pour le volume occupé par le houblon.

ART. XX. — Sitôt après la constatation de la température, l'échantillon du moût sera refroidi au moyen d'un appareil spécial agréé par la Régie, et propre à abaisser la température jusqu'à 15° centigrades en 10 minutes au plus.

La constatation de la densité se fera à 15° centigrades. Toutefois, si le brasseur y consent, ou si l'eau mise à la disposition des employés ne permettait pas d'atteindre exactement cette température, la constatation pourrait être faite entre 10 et 25° centigrades, mais dans ce cas la densité serait ramenée à la température normale de 15° centigrades, par une correction faite conformément au tableau suivant :

Lorsque la température des moûts est supérieure à 15°		Lorsque la température des moûts est inférieure à 15°	
Température.	La densité doit être augmentée de	Température.	La densité doit être diminuée de
16°	0.01	14°	0.01
17°	0.03	13°	0.02
18°	0.05	12°	0.03
19°	0.07	11°	0.04
20°	0.09	10°	0.05
2	0.11		
22°	0.13		
23°	0.15		
24°	0.17		
25°	0.19		

ART. XXI. — A partir de l'heure déclarée pour la cessation du travail dans les cuves-matières et vaisseaux assimilés, tous les robinets de vidange seront ouverts et les moûts seront écoulés à perte.

ART. XXII. — Les brasseurs sont tenus de laisser à la disposition des agents jusque deux heures au moins après le moment déclaré pour la décharge des chaudières la déclaration de mise de feu qui leur aura été délivrée.

Le brasseur pourra retarder toutes les opérations ou l'une d'elles seulement moyennant une inscription faite à l'encre au verso de la déclaration. Cette inscription devra indiquer exactement le moment où elle est faite et énoncer en toutes lettres la prorogation réclamée.

ART. XXIII. — Le brasseur est tenu de faciliter aux employés les moyens de contrôle et de mettre à leur disposition l'eau froide et la lumière qui pourraient être nécessitées par la vérification.

4. — Pénalités.

ART. XXIV. — Tout brassin clandestin, toute décharge de cuve-matière ou de chaudières en fraude, toute soustraction de moûts, toute addition, après constatation du degré, de matières pouvant augmenter la densité des moûts, seront passibles d'une amende de 1,000 fr., sans préjudice des poursuites qui pourront être exercées par l'Etat pour répétition des droits fraudés.

Les excédents de plus de 20 %, les refus d'exercice, les entraves apportées au contrôle, les fausses déclarations, seront punis de la même peine.

En cas de récidive les peines ci-dessus seraient doublées.

L'existence dans les usines d'appareils clandestins destinés à la production ou à la cuisson des moûts sera punie d'une amende de 5,000 fr., sans préjudice de la répétition des droits fraudés.

En cas de récidive, cette peine sera doublée et entraînera la fermeture de l'usine pour une période variant de six mois à un an.

5. — Dispositions générales.

ART. XXV. — Les brasseurs ne peuvent employer de matières saccharines en exemption d'impôt. Il est interdit de constituer pour lesdites matières des entrepôts dans les brasseries et locaux annexes. Est également interdite dans les brasseries la présence de ces produits sous acquits-à-caution.

ART. XXVI. — Les brasseurs auront avec la Régie des contributions indirectes, pour les droits constatés à leur charge, un compte ouvert qui sera réglé et soldé à la fin de chaque mois.

ART. XXVII — La présente loi sera exécutoire à partir du 1er janvier 1893. — A la même date seront abrogées, en ce qui concerne la fabrication de la bière, les lois du 28 avril 1816, du 1er mai 1822, et toutes les lois annexes, décrets, arrêtés et circulaires administratives pris pour en assurer l'exécution.